Tips

#Oratoria

a golpe de tuit

280 consejos para aprender a **#HablarEnPúblico** en 280 caracteres

ESCUELA
EUROPEA
DE ORATORIA

@EOratoria

CW01080732

ISBN: 978-1-6886-4594-3

Dirección de la obra: Mónica Pérez de las Heras
Coordinación: Ana Martín Merayo y Natalia García Nombela.
Diseño y maquetación: MarianaEguaras.com

Para todas aquellas personas que quieren aprender o mejorar su forma de #HablarenPúblico. Y especialmente a nuestros seguidores de Twitter, por estar cada día ahí, mostrándonos su confianza con un "retuit" o un "me gusta". ¡Gracias!

ÍNDICE

Introducción   07

1 #HablarenPúblico   11

2 #InteligenciaEmocional   39

3 #LenguajeNoVerbal   51

4 #Voz   65

5 #Storytelling   77

6 #Discursos y #Presentaciones   91

7 #Portavoces   103

Sobre las autoras   117

Sobre la Escuela Europea de Oratoria (EEO)   121

Introducción

¿Un libro de tuits? Cuando en la Escuela Europea de Oratoria nos planteamos realizar una publicación sobre #HablarenPúblico, pensamos que estaría bien hacer un libro ágil y sencillo de leer, que compendiara muchas de las enseñanzas que transmitimos en nuestros cursos.

Como además somos muy activos en redes sociales, y en especial en Twitter, nos ha parecido una buena idea hacer un libro de consejos de #Oratoria en un formato de 280 caracteres.

¿Cuántos consejos incluir? Dando tanta formación como damos, para niños, adolescentes, profesionales y empresas; había que poner un límite, porque la información de la

que disponemos es enorme.
Así que elegimos 280 tuits,
organizados por los ámbitos
fundamentales para #HablarenPúblico.

La mejor manera de hacerlo era,
por un lado, contar con nuestra
directora, Mónica Pérez de las Heras,
que ha publicado ya trece libros
sobre comunicación y #Oratoria,
y que ha aportado el 70 % de los
tuits de este texto. Todos aquellos
en los que no veas especificada
su autoría, son de ella. Y por otro,
reunir los tuits de cinco de nuestras
profesoras: Virginia Gonzalo, Teresa
Baró, Velilla Valbuena, Eva Snijders
y Susana Burgos. Cada una está
especializada en un tema diferente,
y sobre esa cuestión dan sus
cursos en la Escuela Europea de
Oratoria. ¡Gracias a todas por vuestra
participación en este proyecto!

También hay que mencionar la labor de coordinación de Ana Martín Merayo y Natalia García Nombela, que han realizado la labor de recopilación de tuits.

Como verás, el libro puede leerse, bien de principio a fin, o bien abriendo por cualquier página; no hay un orden específico. La idea es que puedas releer y aplicar cada uno de los tuits en tus propias #Presentaciones, y que vayas mejorando así tu manera de #HablarenPúblico, sintiéndote cada vez mejor.

¡Esperamos que lo disfrutes y lo pongas en práctica!

Por favor, tuitea que estás leyendo este libro y menciónanos para que te demos las gracias, personalmente.

1

#HablarEnPúblico

Tuits de **@mpdelasheras**

1. Comunicar es depositar una parte de ti en otra persona; al #HablarenPúblico entregas pequeños trozos de ti a muchas más.

2. Una comunicación eficaz es la base del éxito. No sólo hay que tener conocimiento y buenas ideas. Hay que expresarlas de forma creíble y convincente.

3. La seguridad y la persuasión en la #Oratoria se consiguen a través de un adecuado contacto visual con el público, y del manejo adecuado de la #Voz y de los gestos.

4. El 78 % del miedo
    a #HablarenPúblico
    se resuelve con una
    buena preparación de
    la #Presentación, y un
    conocimiento adecuado de
    la técnica.

5. ¿El buen orador nace o se
    hace? Nadie nace sabiendo
    #HablarenPúblico.

6. Las tres claves de la
    #Oratoria son: naturalidad,
    humildad y corazón.

7. Ser auténtico al
    #HablarenPúblico significa
    que no pretendas ser quien
    no eres. La naturalidad te
    acerca a la audiencia y la
    imitación no.

8. La humildad al
    #HablarenPúblico es
    fundamental. Si te crees
    superior a los demás,
    tu audiencia lo notará, y
    caerás fatal. ¡Recuerda: ni
    lo sabes todo sobre nada,
    ni eres más que nadie!

9. Habla de lo que te
    apasiona o encuentra
    la forma de transmitir
    pasión en tu mensaje.
    Si quieres emocionar al
    #HablarenPúblico, debes
    emocionarte tú primero.

10. Cuando cambias el foco de
    atención, de ti a tu público,
    dejas de sentir miedos o
    nervios. Es, por tanto, una
    cuestión de enfoque.

11. Atrapa la atención de tu público desde el principio. Un buen inicio en tus #Presentaciones es la clave para mantener el interés.

12. Solo un 1 % de los nervios de un orador se transmiten al público. Tú puedes sentir que tu corazón se acelera, que te sudan las manos o te tiembla la #Voz, pero es muy probable que tu audiencia no lo perciba.

13. Hay tres componentes fundamentales en el miedo a #HablarenPúblico. Lo que pasa en tu cuerpo, en tu cabeza y en tu comportamiento. Debes saber gestionar los tres.

14. Un buen final hará que cierres tu #Presentación con un broche de oro, y que dejes a tu público con ganas de más.

15. Como dijo Aristóteles: "Si quieres aburrir, cuéntalo todo".

16. En la #Oratoria quien importa es tu público, no tú. El mensaje ha de ir dirigido a las personas que te escuchan.

17. Depende de nosotros cómo empleemos nuestra mente al crearnos creencias potenciadoras o limitadoras, a la hora de #HablarenPúblico

18. Son nuestros pensamientos, creencias o diálogo interior, los que provocan síntomas físicos al #HablarenPúblico: aceleración del corazón, #Voz que tiembla, manos sudorosas o rojez de la piel.

19. Al #HablarenPúblico es fundamental tratar de no ofender a nadie. Todo tu público se merece todo tu respeto.

20. ¿Sabes qué todas las personas tenemos cualidades para #HablarenPúblico? Hay personas que tienen un buen uso de la #Voz, o son muy sonrientes, o gesticulan bien, o saben mantener la postura...

21. Si hablas al "tú" en vez de al "vosotros" al #HablarenPúblico conectarás mejor con tu audiencia.

22. Habla para 5 igual que para 5.000. Da igual el número de personas que te escuchen, tú pon siempre el corazón al #HablarenPúblico.

23. Nuestra mente es un conjunto complejo de estructuras que nos potencia y nos limita, de nosotros depende emplear nuestro cerebro bien para que nos ayude al #HablarenPúblico.

24. El arte de manejar los silencios enriquece el modo de conectar con tu público y le permite digerir mejor el mensaje.

25. Las metáforas son útiles para atrapar la curiosidad del público y su interés por el tema. Puedes introducirlas en tu #Discurso, o causar el impacto en el inicio o final.

26. Ser consciente de que al #HablarenPúblico no puedes gustar a todo el mundo, te ayuda a relajarte.

27. Si puedes elegir,
¡no te escondas detrás
de un atril! Deja que tu
público vea tu cuerpo
al completo, es parte
de tu comunicación.

28. Todos los signos de
puntuación que usas al
escribir, —comas, puntos,
comillas…— los tienes
que hacer con la #Voz al
#HablarenPúblico.

29. Cuando un orador lee
en público, excepto
si es un #Discurso,
demuestra su inseguridad
y crea desconfianza
en la audiencia.

30. "Hoy quiero hablaros de" no es necesario; habla de lo que quieras, pero no lo anuncies. Excluye lo innecesario y busca la efectividad.

31. Debes ser consciente de lo que hagas en el escenario. Tú eliges tus gestos, tu #Voz y tu mensaje. Si lo decide tu subconsciente estás perdido.

32. Mostrar naturalidad y espontaneidad al #HablarenPúblico aporta credibilidad a nuestro #Discurso.

33. Las excusas en #Oratoria no valen. Si te duele la cabeza, no has tenido tiempo para preparártelo, etc… al público no le importa. Tú tienes que dar, en cada momento, lo mejor de ti.

34. Un orador que habla mucho y escucha poco no es un buen orador.

35. Una buena presencia escénica, entrando con solemnidad, mirando al público, y sonriendo, hace que el público perciba que eres un orador que sabe lo que hace.

36. Para #HablarenPúblico bien, gestiona adecuadamente tu mente, tus emociones, tu intervención, y tus tres tipos de lenguaje.

37. La credibilidad de un orador está en la congruencia de sus tres tipos de lenguaje: Verbal (el mensaje), ParaVerbal (la #Voz) y No Verbal (el cuerpo).

38. El mensaje no es lo más importante. Según la regla de Albert Mehrabian, en una comunicación emocional, sólo el 7 % de la comunicación corresponde al lenguaje verbal, el 38 % al paraverbal, y el 55 % al no verbal.

39. Tus pausas y silencios permiten al público pensar en lo que estás diciendo. Les regalas momentos para reflexionar.

40. La perseverancia es la mejor fórmula para aprender #Oratoria. Ensaya tus #Presentaciones, una y otra vez. Esta es la clave del éxito.

41. Se pueden conocer los contenidos, pero si no sabemos expresarlo oralmente, el mensaje no será interpretado correctamente.

42. Fluyes hablando en público cuando te olvidas de ti y te centras en quien te escucha.

43. Aprender a #HablarenPúblico bien te dará un espíritu crítico que te permitirá aprender de lo bueno y lo malo que hacen otros oradores.

44. No interrumpas a tu público cuando te hable -aplausos, risas, preguntas- y así la charla se convertirá en una conversación.

45. La sonrisa es un idioma universal, genera empatía con tu interlocutor, y denota carisma y seguridad ¡Utilízala al #HablarenPúblico!

46. Para aprender a #HablarenPúblico es importante escuchar al público que, aunque calle, estará hablando con su #LenguajeNoVerbal.

47. Entrenar la escucha activa te beneficia para estar alerta y asimilar de un modo rápido lo que ocurre en el público.

48. Hay cuatro herramientas que usa la Escuela Europea de Oratoria para quitar el miedo a #HablarenPúblico: trabajar los pensamientos, las emociones, los conocimientos y la exposición.

49. Si tu preocupación al #HablarenPúblico es que tu audiencia te juzgue… ¡tranquilo, todo el mundo te está juzgando todo el tiempo! Hay que acostumbrarse a ello y que no cambie tu manera de relacionarte.

50. Incluir citas célebres puede ser muy interesante, siempre, por supuesto, mencionando al autor.

51. Abusar de las citas célebres en una #Presentación puede llevar al público a pensar que tú no tienes nada que decir.

52. Cuando el orador muestra seguridad, el público recibe confianza en su mensaje.

53. La respiración abdominal es muy importante para #HablarenPúblico bien. Para relajarte, mueve el diafragma suave y rítmicamente, y realiza inhalaciones largas y profundas.

54. Emplear, cuando sea conveniente, frases célebres simpáticas en los #Discursos nos ayuda a poner la nota de humor que nos hace falta en nuestra alocución.

55. La preparación previa de tu #Presentación, diseñar el tema, organizar las ideas, y confirmar que los recursos técnicos funcionan, son esenciales para calmar nervios y miedos.

56. Cuando estamos sometidos a una tensión nerviosa, a veces olvidamos cómo respirar correctamente. Concéntrate en tu respiración diafragmática para liberar esas tensiones.

57. Podemos elegir emplear nuestra mente y pensamientos para construir creencias que nos potencien sobre nuestra capacidad de #HablarenPúblico bien.

58. ¿Cómo dar claridad
a lo que expones al
#HablarenPúblico? Plasma
las ideas clave del tema que
vas a exponer y conéctalas
entre sí utilizando la
herramienta de mapas
mentales.

59. Un mapa mental es un
esquema visual que
puede emplearse para
organizar los contenidos y
memorizarlos.

60. Facilita a tu cerebro cómo
recordar el mapa mental
utilizado para tu charla.
Emplea símbolos, imágenes
y palabras, y ponle color
para hacerlo más visual.

61. Cuando hables en público
hazlo con entusiasmo
y aplica tus talentos.
Para ello, debes conocer
tus puntos fuertes y
potenciarlos.

62. Solo un profesional de
la #Oratoria te mostrará
tus puntos débiles para
cambiarlos.

63. El orador puede hacer
cualquier gesto que
quiera en un escenario,
siempre y cuando sea algo
consciente para conseguir
un determinado objetivo.

64. Si pones pasión,
ganas, ilusión al
#HablarenPúblico,
tu audiencia lo percibirá
y se lo contagiarás.

65. ¿Cómo conseguir
conexión con tu público?
Haciendo *rapport*. Tú
haces algo y tu audiencia
lo hace también. La
participación del público,
por ejemplo, es una
manera de lograrlo.

66. Un orador tiene la
capacidad de realizar
cambios de estado en su
público. Ese es el gran
poder de la #Oratoria.

67. ¿Quién va a ser tu público? Esa es la primera pregunta que debes hacer cuando te encarguen una #Presentación, un #Discurso o cualquier otra intervención.

68. El sentido del Humor es una estupenda fórmula para romper el hielo en tus #Presentaciones. Provoca cercanía del orador con el público.

69. ¿Sabías que la razón por la cual a los españoles no nos gusta #HablarenPúblico y hablar idiomas es la misma? Se llama sentido del ridículo.

70. Tienes que ser la misma persona tomando un café que al #HablarenPúblico.

71. Adáptate a tu público en todo lo que puedas: tu ropa, tu lenguaje, tu #Voz, tu expresión corporal; conviértete en uno más.

72. Practicar el arte de la Improvisación teatral te ayudará a #HablarenPúblico con naturalidad y salir de situaciones comprometidas.

73. Todo el mundo tiene capacidad para improvisar, pero cuanto más conozcas el tema, más capacidad tendrás.

74. ¿Qué ocurre si te equivocas al #HablarenPúblico? Si te das cuenta, te disculpas y rectificas. Si te conviertes en un *meme*, ríete de ti mismo.

75. Algunos recursos teatrales nos ayudan a mejorar la presencia escénica, ganar confianza y proyectar una imagen de seguridad al #HablarenPúblico.

76. Los oradores no somos humoristas, no buscamos la risa del público, pero si la conseguimos, ¡genial!

77. Un orador no se ríe solo en el escenario, se ríe cuando su público lo hace.

78. ¡No dejes que nadie se ría de ti! ¿Cómo? Pues riéndote tú también; así se reirán contigo.

79. Un orador no puede ser sólido, sino líquido, con capacidad para adaptarse a cualquier situación.

80. Visualizarte en el lugar en el que vas a hablar, el día que vas a exponer, observando las caras sonrientes del público, escuchando sus aplausos y sintiéndote fenomenal, te ayudará a conseguir que se haga realidad.

81. Antes las palabras se las llevaba el viento. Ahora pueden quedar en Internet, por eso es importante #HablarenPúblico bien.

82. Aprender a #HablarenPúblico es fácil, si sabes cómo. Al igual que en cualquier otra actividad en la vida, una vez conocida la técnica, hay que practicar, practicar y practicar.

2

#InteligenciaEmocional

Tuits de
@mpdelasheras y **@Virginia_RAR**

83. Al #HablarenPúblico
hemos de conocernos
y gestionar nuestros
miedos. Te resultará más
fácil la #Oratoria con
un buen manejo de la
#InteligenciaEmocional.

84. A Barack Obama le
imitan muchas cosas,
para tratar de ser un
buen orador como él.
Pero lo más importante
que tiene Obama para
#HablarenPúblico,
no se lo copian: su
#InteligenciaEmocional.

85. La gestión de emociones es fundamental para saber resolver cualquier situación que te proporcione la #Oratoria. Solo desde la serenidad serás capaz de actuar ante un imprevisto.

86. Las seis emociones básicas del ser humano son: alegría, tristeza, enfado, miedo, asco y sorpresa. Todas son necesarias en la vida, y también al #HablarenPúblico.

87. Para transmitir cualquier emoción al #HablarenPúblico como orador, tienes que vivirla. ¡Tenlo en cuenta!

88. ¿Qué hace un buen orador
cuando le increpan?
Mantener la calma,
escuchar y respetar la
opinión de la otra persona.
La #InteligenciaEmocional
nos ayuda a mostrar
esas actitudes al
#HablarenPúblico.

89. Transmitir emociones es
clave para #HablarenPúblico.
La audiencia no recordará
lo que le digas sino lo
que le hiciste sentir. ¡Con
#InteligenciaEmocional
resulta más fácil!

90. La sonrisa es el escaparate
de la alegría. ¡No la emplees
al contar algo triste porque
te separas de esta emoción!

91. Meterse al auditorio en el bolsillo es más fácil si sabes empatizar con él. La #InteligenciaEmocional te ayuda a desarrollar la empatía que necesitas.

92. La emoción de la tristeza es fundamental para relatar algo serio, y concienciar a tu público sobre un tema.

93. Si gestionas bien tus emociones, gestionarás bien las emociones de tu audiencia y… ¡estarás en sintonía con ella!

94. La #InteligenciaEmocional te proporciona el sentido común necesario para resolver muchas situaciones al #HablarenPúblico.

95. La alegría es una emoción espléndida para #HablarenPúblico, pero cuidado con usarla en exceso, la falsa euforia no es necesaria en la #Oratoria.

96. El lenguaje universal es el lenguaje del corazón.
@Virginia_RAR

97. Para hablar bien en público primero hay que hablarse bien en privado.
@Virginia_RAR

98. Cuando uno se trabaja por dentro eso se nota por fuera. @Virginia_RAR

99. Con las emociones al escenario: detrás del orador está el ser humano, y eso se tiene que notar al #HablarenPúblico.
@Virginia_RAR

100. El miedo al lado: ni delante para que te impida hacer todo lo que te gustaría hacer, ni detrás para que te empuje a hacer aquello que no estás seguro que quieres hacer.
@Virginia_RAR

101. Una carga emocional es como llevar al extremo una emoción. ¡No lo necesitas en tu vida y, menos en la #Oratoria!

102. Gestionar bien tus pensamientos es la clave para gestionar tus emociones. @Virginia_RAR

103. La verdadera empatía surge cuando te pones entre paréntesis tú y te llenas de la otra persona. @Virginia_RAR

104. Las cargas emocionales las acumulamos desde el pasado, pero tiñen nuestro presente. @Virginia_RAR

105. Que, a través de tus historias, tu público se conecte con las suyas..., esa es la magia del corazón. @Virginia_RAR

106. Aquello que deja huella al #HablarenPúblico es lo que va de corazón a corazón. @Virginia_RAR

107. ¡Qué importante para un orador mantener la vela de la gestión de emociones inalterable en el fragor de la contienda! @Virginia_RAR

108. Tener contento a nuestro niño interior es clave para una sana autoestima, y para una buena #Oratoria. @Virginia_RAR

109. La autoestima es el sistema inmunológico de la mente, y una gran ayuda en la #Oratoria. @Virginia_RAR

#InteligenciaEmocional

48

110. La #InteligenciaEmocional es cuando cabeza y corazón avanzan en la misma dirección, básico para #HablarenPúblico.
@Virginia_RAR

111. Incorporar experiencias personales en tus #Presentaciones transmitirá mayor humanidad a tu público.
@Virginia_RAR

112. El enfado sirve para establecer límites. En #Oratoria a veces hay que usarlo, pero siempre con educación y respeto.

113. La ira es la carga emocional del enfado. No hay ninguna razón para emplearla en la #Oratoria. El enfado, si es necesario, es suficiente para resolver cualquier situación complicada al #HablarenPúblico.

114. El asco es una emoción que también puedes emplear en #Oratoria. Sirve para demostrar tu rechazo ante algo que realmente no te gusta.

115. La sorpresa es la emoción más importante para emplear en la #Oratoria. Cuando prepares una #Presentación, pregúntate cómo vas a sorprender a tu audiencia.

3

#LenguajeNoVerbal

Tuits de
@mpdelasheras y **@tbarocatafau**

116. El #LenguajeNoVerbal (LNV) en #Oratoria es esencial. Describe los gestos, las posturas y los movimientos del cuerpo con los que transmites información sobre tus ideas, pensamientos y creencias.

117. La serenidad se puede conseguir con la postura de "neutralidad": pies clavados al suelo, separados unos centímetros, rodillas flexibles, brazos que cobran vida al hablar.

118. Si mantienes la postura de neutralidad al #HablarenPúblico sabes siempre dónde están tus pies, tus piernas, tu cuerpo, tus brazos y tus manos.

119. Si haces una pausa al #HablarenPúblico tus brazos y manos bajan y descansan a ambos lados del cuerpo, o las manos se quedan unidas en tu regazo. Brazos y manos cobran vida al hablar.

120. Si al #HablarenPúblico lo haces sentado éste se perderá la mitad de tu #LenguajeNoVerbal. Hazlo solo si así te lo exigen.

121. Si puedes elegir, mejor hablar de pie que sentado. En cualquier caso, un orador debe saber hablar: sentado, moviéndose o quieto en un atril.

122. Un orador comunica
incluso antes de empezar
a hablar. Si quieres mejorar
tu #Oratoria te interesa
poner atención a tu
#LenguajeNoVerbal.

123. ¡Ojo con los gestos
distractores al
#HablarenPúblico!
Hablan de tus nervios.

124. El lenguaje corporal influye,
de manera decisiva, en
la inmensa mayoría de
nuestras relaciones. Hasta
el punto de que un gesto
puede anular por completo
una intervención cargada de
argumentos. @tbarocatafau

125. El patrón mental asociado a la postura de neutralidad es: seguridad, confianza y disfrute al #HablarenPúblico.

126. Dominar el lenguaje de las miradas nos asegura una correcta interacción con los demás y aumenta nuestra capacidad de persuasión y seducción. @tbarocatafau

127. La actitud es una de las claves del éxito para conectar con la audiencia. El orador no puede evitar ser el centro de atención. Hay que asumir este protagonismo y aprovecharlo al máximo para conseguir los objetivos. @tbarocatafau

128. Es a través del #LenguajeNoVerbal por donde transmitimos emociones, sensaciones y actitudes. @tbarocatafau

129. La proximidad física conlleva proximidad emocional. No te refugies detrás de la mesa y acércate al público. Evita las barreras que se interponen entre tú y el público. El atril también es una barrera. @tbarocatafau

130. La posición de la parte inferior del cuerpo y, en concreto, la posición de piernas y pies, habla mucho de tu seguridad. @tbarocatafau

131. Recuerda mantener las manos a la altura del tronco y no por debajo de la cintura durante toda la intervención. Las manos, cuando no se mueven, se mantienen juntas de manera natural y se separan cuando se expresan al compás del #Discurso. @tbarocatafau

132. La mirada es una forma de atraer la atención y de mantener el canal de comunicación abierto. @tbarocatafau

133. Si quieres dar relevancia a tu mensaje no distraigas con tu ropa, complementos u otros elementos de tu apariencia. @tbarocatafau

134. No establecer contacto visual es no abrir el canal de comunicación. No mirar es ignorar. @tbarocatafau

135. El lenguaje corporal, junto con el paraverbal, serán los portadores de unos mensajes emocionales paralelos a los mensajes racionales formados en palabras. @tbarocatafau

136. Las primeras impresiones son duraderas y preparan positivamente al público para el resto de la intervención. @tbarocatafau

137. Utiliza el poder de la mirada y dirige a tu público como si fueran los músicos de tu orquestra. La mirada es tu batuta. @tbarocatafau

138. Uno de los gestos faciales con más efecto en las relaciones humanas es la sonrisa. Da la bienvenida a tu público con una sonrisa. @tbarocatafau

139. Cuando se habla en público la gestualidad de las manos apoya lo que se dice y se refuerza el mensaje. @tbarocatafau

140. Un ejercicio para darte cuenta de posibles gestos incongruentes es mirar un espejo mientras expones y ensayas tu tema. Graba tu #Presentación y luego revísala para mejorar tu #LenguajeNoVerbal.

141. Cada vez que tu mirada no va al público éste desconecta de lo que cuentas. Evita mirar la pantalla en tus #Presentaciones y aprende a hacer barridos con naturalidad.

142. La sonrisa es el gesto más importante para #HablarenPúblico. Te ayuda a conectar con el público, puede sacarte de cualquier dificultad y es gratis.

143. ¡Arrastrar los pies es horrible en #Oratoria! Al hacerlo demuestras tu inseguridad y/o tu falta de ganas.

144. Las manos atraen la atención del público hacia tu rostro, por eso se mueven en el espacio entre la cintura y el cuello.

145. Si apareces en el escenario de manera acelerada demuestras precipitación o inseguridad. ¡Aduéñate del escenario entrando con solemnidad y elegancia!

146. ¡No dejes que las manos se doblen por las muñecas al #HablarenPúblico! Este gesto implica dejadez. Tiene que parecer como si un hierro uniera tu brazo con tu mano.

147. Al #HablarenPúblico las puntas de tus pies deben mirar siempre hacia adelante, dirigidas al frente, y no a los laterales.

148. La lectura del #LenguajeNoVerbal del público es fundamental para el orador. Es la manera de que sepas lo que siente la audiencia ante lo que estás diciendo, y hacer cambios sobre la marcha.

4

#Voz

Tuits de
@mpdelasheras y **@velillavalbuena**

149. La #Voz es la que tienes, no la puedes cambiar. Pero lo que sí puedes hacer es aprender a jugar con ella.

150. #HablarenPúblico invita a variar el volumen, el tono y la velocidad de la #Voz. Así consigues enfatizar tu mensaje, transmitir emociones y captar la atención del público.

151. La respiración diafragmática te ayuda a la hora de #HablarenPúblico. Reduce tus nervios, protege tus cuerdas vocales, y hace que proyectes mejor tu #Voz.

152. Sube y baja la #Voz, usa
pausas y silencios, y
conseguirás la atención
de tu audiencia al
#HablarenPúblico.

153. Un buen silencio en
#Oratoria puede valer más
que muchas palabras.

154. Cuida tu #Voz, te va a
acompañar toda la vida.

155. Si al #HablarenPúblico
lo haces muy rápido las
neuronas de tu auditorio
no pueden seguirte, tenlo
en cuenta.

156. La #Voz te ayuda a contar
historias si la sabes
emplear bien.

157. Cuando un orador tiene una #Voz bien colocada, y sabe utilizarla, transmite emociones y capta la atención de su público.

158. La #Voz es la principal herramienta de comunicación de que disponemos los humanos.

159. La #Voz es importante porque con ella debemos convencer, entretener y emocionar al #HablarenPúblico. Aprende a sacarle el máximo potencial.

160. La #Voz es un punto clave para #HablarenPúblico: las pausas, los silencios, la tonalidad. Nos atrae o nos hace desconectar.

161. La #Voz nos permite transmitir fuerza, pasión y emociones que un texto por sí mismo no es capaz de comunicar.

162. Las pausas son un elemento fundamental del #Discurso. Te ayudan a conectar con tus ideas y tu respiración, y a captar mejor la atención del público.

163. Si tienes una buena #Presentación, pero tu #Voz no acompaña seguirás aburriendo a tu público.

164. Una buena #Voz es un don de unos pocos; jugar bien con ella es un tesoro a disposición de todos.

165. No sólo es importante lo que dices, sino cómo lo dices. Aprender a modular la #Voz te ayuda a conseguir la seguridad para #HablarenPúblico bien.

166. El 70 % de los malos oradores lo son por el uso que hacen de su #Voz.

167. El aire es la materia prima de la #Voz. Una buena respiración acompaña a una buena #Voz. @velillavalbuena

168. El agua es como el aceite para los coches. Bebe agua para no quemar tu garganta al #HablarenPúblico. @velillavalbuena

169. Ten presente todo el espacio del lugar dónde estás, dónde vas a hablar y que te oigan los de la última fila. @velillavalbuena

170. Para #HablarenPúblico trata de mantener la posición de equilibrio, ligereza y disponibilidad para adaptarte a todos los cambios de tu #Discurso con tu voz". @velillavalbuena

171. Respira en el escenario y el público respirará contigo. @velillavalbuena

172. Abre bien la boca, silabea, y date cuenta dónde está el acento de cada palabra. @velillavalbuena

173. Con un buen volumen no solo el público te oye mejor, también te ayuda a ti mismo a implicarte. @velillavalbuena

174. La #Voz es como un músculo, calienta antes de empezar para estar cómodo, no forzar y cuidarte. @velillavalbuena

175. Sonríe al calentar tu #Voz, ayudas a que el sonido salga por los resonadores del rostro. @velillavalbuena

176. Haz varias respiraciones profundas y registra las sensaciones del cuerpo antes de empezar. @velillavalbuena

177. La distancia que te separa de las personas a las que quieres hablar es tu #Voz.
@velillavalbuena

178. Abre bien la boca, baja la mandíbula, enseña los dientes, mueve los labios, la lengua; diferencia todas las partes de tu rostro y muévelas para expresar con tu #Voz. @velillavalbuena

179. La energía de tu #Voz está en tu cuerpo, primero calienta y conecta con tu cuerpo en general y después los músculos de la #Voz en particular.
@velillavalbuena

180. Infla globos, sopla, silba
para conectar y fortalecer tu
diafragma. @velillavalbuena

181. La #Voz hace presente lo
que no vemos: emociones,
ideas, sensaciones, colores,
ritmos. @velillavalbuena

182. ¡Aprende a proyectar tu
#Voz y con ella, a emocionar
a tu público! ¡Tienes una
herramienta prodigiosa en
tu garganta, aprovéchala!

5

#Storytelling

Tuits de
@mpdelasheras y @evasnijders

183. #Storytelling significa, contar una historia. El ser humano lleva años trasladando información a otros a través de los relatos.

184. Por muy científica o técnica que sea tu #Presentación puedes incluir una historia que la haga más entretenida.

185. Incluir un diálogo en un #Storytelling lo hace más creíble y le da más fuerza. Ej. "Entonces él dijo: 'Sí' y se puso en marcha".

186. La mejor forma de comenzar un #Discurso según el escritor Alex Haley es: "Dejad que os cuente una historia".

187. El #Storytelling invita a estrechar lazos al #HablarenPúblico y te ayuda a conectar emocionalmente con tu audiencia.

188. Las historias impactan muy favorablemente en el corazón del público. El #Storytelling como técnica de #HablarenPúblico ayuda a emocionar y comprender mejor el mensaje.

189. La relación entre un narrador y su público es distinta a la de un orador y su público. El narrador cuenta "con" su audiencia, bailando con ella, adaptando el contenido, el ritmo y los detalles de la historia a sus reacciones.
@evasnijders

190. Para dar vida a las historias que cuentas, usa las herramientas a tu disposición: modula tu #Voz, adapta tus expresiones faciales y tus gestos, alarga los silencios para generar expectativa y acelera la narración para acompañar una situación tensa.
@evasnijders

191. Si quieres aprenderte una historia de memoria, dibújala como si fuera el mapa de un viaje. A continuación, "camina con ella", deteniéndote en los momentos clave. Tu cuerpo tiene memoria y te ayudará a fijar la estructura. @evasnijders

192. Las historias se cuentan hacia delante, pero se construyen hacia atrás: teniendo en cuenta quién es tu público, pregúntate dónde lo quieres llevar. Concretamente, ¿qué quieres que piense, sienta, haga? @evasnijders

193. Las historias están en todas partes, esperando a ser descubiertas y compartidas. Para ser un buen narrador, entrénate en leer, escuchar y observar. Lleva siempre una libreta o incluso una grabadora para tomar notas. @evasnijders

194. Los cuentos clásicos funcionan porque son reconocibles. Toma uno que te gusta y observa su estructura. Marca sus momentos clave, las grandes sorpresas y la resolución. Usa lo que descubras para dar forma a tu propia historia.
@evasnijders

195. Las historias son muy anteriores a la palabra escrita. Si te atreves, la próxima vez que cuentes prueba a usar técnicas poéticas como la rima, la cadencia, la aliteración...
@evasnijders

196. Porque no todo es lineal en esta vida, practica a contestar con anécdotas. "Esa pregunta me hace recordar una conversación que tuve hace muchos años con mi abuelo…". Y que sea la historia quien te lleve.

@evasnijders

197. Prueba a cambiar el punto de vista de tu historia. ¿Qué ocurriría si la contara tu vecina? ¿O tu perro? ¿Cómo la contaría un marciano? ¿O una niña pequeña?

@evasnijders

198. Las historias necesitan contraste para cobrar vida: entre lugares, personajes, emociones y situaciones… Si todo el mundo es amable y todo va viento en popa, poco vas a tener para contar.
@evasnijders

199. Más allá de técnicas infalibles, el ingrediente secreto de una historia es la intención con la que la cuentas. Si es buena, el público la agradecerá. En cambio, si tienes una agenda oculta, la rechazará.
@evasnijders

200. Evita explicar las moralejas de las historias que cuentas. Deja que tu público saque sus propias conclusiones y verás que tu mensaje cala mucho más hondo. @evasnijders

201. Empieza por la estructura de tu historia, luego añade la "chicha": detalles sensoriales que ayudan a tu público a imaginarse lo que ocurre. @evasnijders

202. Si te gusta un libro, léelo varias veces y anota todas las cosas concretas que te gustan: tono, estilo, puntos de vista, descripciones, trama, tema… Aplícalas cuando escribas. @evasnijders

203. "Érase una vez...". Si utilizas esta fórmula comprobarás que el público se pondrá cómodo en sus asientos para escucharte con una buena predisposición.

204. Cada vez que cuentes una historia, hazlo como si fuera la primera vez, porque para tu público lo es.

205. Si cuentas una historia que no es tuya, dale la autoría debida. Si no lo haces, y alguien lo percibe, perderás tu credibilidad.

206. En ocasiones, una historia real necesitará el cambio de la identidad de los personajes. Lo puedes avisar, como signo de discreción.

207. Identificar a los personajes de tu historia con nombres ayuda al público a empatizar con tu relato.

208. Los cuentos infantiles que nos relataban en la infancia tenían una moraleja que pretendía que aprendiéramos algo de una manera más sencilla. ¡Úsalos como ejemplo!

209. Cada persona tiene miles de historias que contar. La vida, al final, no es más que un conjunto de cosas que nos han pasado. ¡Aprende a identificarlas!

210. Los seres humanos llevan contando historias desde que se reunían alrededor del fuego en tiempos remotos.

211. Lo que hoy es una situación incómoda, mañana se convierte en una anécdota divertida que puedes contar al #HablarenPúblico.

212. Una historia que no está narrada con la #Voz adecuada no llega al público. Cada relato necesita un uso específico de la #Voz.

213. Un relato triste precisa una #Voz a un ritmo más lento y a un volumen más bajo.

214. Las historias con sentido del humor se cuentan mejor con una #Voz más ágil, más rápida. Así hacemos con los chistes y las anécdotas graciosas.

215. El #Storytelling te permite transmitir un mensaje múltiple a tu audiencia porque cada persona lo percibirá de una manera absolutamente subjetiva.

6

#Discursos y #Presentaciones

Tuits de @mpdelasheras

216. Cuando preparas un #Discurso quieres llevar a la gente de un punto A, a un punto B. Por eso debes tener claro cuál es el B.

217. "Un pequeño paso para el hombre, un gran paso para la Humanidad", Neil Armstrong. Unas buenas palabras bien elegidas pueden quedar para la historia.

218. El atril es un elemento que no debería servir de apoyo físico al orador; solo moral. Apoyarse en él habla de tus nervios y tu inseguridad.

219. La postura del orador ante el atril debe ser recta. El atril es para poner el agua, los papeles o el micrófono, o tus antebrazos mientras escuchas las preguntas del público.

220. Tu audiencia quiere que triunfes al #HablarenPúblico. ¡No lo olvides! Elabora tu #Discurso pensando en lo que ella necesita.

221. Leer los #Discursos de grandes oradores de la historia te ayudará a elaborar tus propios textos. No se trata de copiar, por supuesto, sino de aprender de los grandes escritores de #Discursos.

222. El #Discurso es la única figura de la #Oratoria que se puede leer.

223. Si lees un #Discurso desde el papel, tienes que ser consciente de que desconectas del público cada vez que no le miras.

224. El telepromter es la mejor herramienta para leer un #Discurso. Colocado a ambos lados del orador, facilita la lectura del texto, mientras se mira a la audiencia.

225. Si al #HablarenPúblico usas una #Presentación visual piensa que lo importante sigues siendo tú, no ella.

226. La duración más habitual de un #Discurso es, aproximadamente, de 20 minutos.

227. ¿Cómo enfatizar texto en un PowerPoint? Usa letra en negrita, cursiva, recuadra, subraya o cambia el color de la letra.

228. ¿Qué es más importante en una #Presentación mirar al público o a la pantalla? Evidentemente al público.

229. El PowerPoint, Keynote, Prezi o cualquier otro *software* de #Presentaciones no es más que un apoyo visual del orador para que el público entienda mejor lo que se está diciendo.

230. Evita poner demasiado texto en tus #Presentaciones. Recuerda que el público no puede escucharte y leer a la vez.

231. Si un #Discurso puede sobrevivir sin una frase es que esa frase no es necesaria. Un orador debe saber qué incluir y qué no en su charla.

232. ¿Cuántas diapositivas necesitas en una #Presentación? Ninguna, una o cien. Las que precises para transmitir adecuadamente tu mensaje.

233. Incluir más diapositivas en tu #Presentación no implica que hables más tiempo. Solo quiere decir que has distribuido mejor la información que va en ella.

234. Lo que no puedan leer de tu #Presentación las personas sentadas en la última fila, no lo puedes poner.

235. El tamaño mínimo de letra en una #Presentación es 32. Así no cabe mucho texto.

236. Comienza tu #Discurso con un buen inicio que sorprenda a tu público, y termina con un buen final, que les haga aplaudir.

237. En un #Discurso puedes incluir una historia, una cita, una cifra, una definición o cualquier otra cosa que se te ocurra, para captar la atención.

238. Un #Discurso puede llevar diferentes tipos de voces —más rápida o más lenta, por ejemplo—, dependiendo de lo que se esté contando en cada momento.

239. Leer en alto los grandes #Discursos de la historia ayuda a elaborar tus propias intervenciones, así como a practicar el uso de la #Voz.

240. Si en tu PowerPoint pone todo lo que vas a decir, no vayas; envía la #Presentación y ya está.

241. La #Presentación de PowerPoint no es un documento, es un elemento visual para apoyar al orador. No se puede trasladar un texto de Word o de Excel sin más.

242. Emplea diapositivas ocultas para incluir la información extra que luego quieres entregar a los asistentes, pero no lo muestres todo si no quieres aburrir.

243. Un #Discurso no se debe aprender de memoria, lo puedes leer.

244. Las figuras retóricas funcionan muy bien en los #Discursos. Emplea metáforas, repeticiones, comparaciones, anáforas, hipérboles, aliteraciones, juegos de palabras, etc… para dar musicalidad a tu intervención.

245. Si incluyes en tus intervenciones en público palabras técnicas o en un idioma que no sabes si tu auditorio entiende, le estás faltando al respeto.

246. Elabora tu #Discurso pensando en tu audiencia. ¿Qué quieren oír? El importante es tu público, no tú.

247. ¡Cuidado con las imágenes que incluyes en tus #Presentaciones! Encárgate de que sean libres de derechos y de gran calidad.

248. El mejor reconocimiento que puede recibir un orador tras su #Discurso o su #Presentación es el aplauso del público. ¡Disfruta de él pero que no se te suba a la cabeza!

7

#Portavoces

Tuits de
@mpdelasheras y @burgosusana

249. Si no lo cuentas bien,
da igual lo que hagas.
@burgosusana

250. En demasiadas ocasiones,
personas brillantes brillan
menos que otras que no lo
son tanto. Trabajar la puesta
en escena es fundamental
para que el talento pueda
ver la luz. @burgosusana

251. En la época dorada de
Silicon Valley llegó a
haber más expertos en
comunicación y marketing
que tecnólogos. "No
sabemos vendernos", decían
estos últimos, ignorando
que, con el entrenamiento
correcto, el buen #Portavoz
se hace. @burgosusana

#Discursos y #Presentaciones

252. Antes de afrontar una entrevista en radio, televisión o redes sociales, piensa en las personas que te van a ver y escuchar. ¿Por qué están ahí? ¿Qué esperan de ti? @burgosusana

253. El escenario forma parte del mensaje. Tenlo siempre en cuenta si eres el #Portavoz de tu marca personal o de empresa. @burgosusana

254. Cada entrevista en los medios es una gran oportunidad de diferenciarte como persona u organización. No te conformes con cubrir el expediente: ¡pásalo bien! @burgosusana

255. Ser #Portavoz de tu marca no consiste en contarle al público todo lo que sabes. Dosifícate: mejor 3 ideas que 4, mejor 2 ideas que 3. @burgosusana

256. Los #Portavoces bien entrenados saben hablar en titulares. Dale a los periodistas la fórmula que necesitan para hacer llegar tu mensaje a la audiencia: 2 ideas - 1 mensaje. @burgosusana

257. Como dijo el poeta William B. Yeats: "El buen #Portavoz debe pensar como un sabio, pero hablar como la gente corriente". @burgosusana

#Discursos y #Presentaciones

258. La actitud adecuada para afrontar una entrevista en televisión es pensar que te está escuchando tu jefe, tu madre y el vecino de arriba. Habla para los tres; los tres tienen que entenderte.
@burgosusana

259. Hablar de ti mismo o de tu negocio en TV es una gran oportunidad, pero si no lo preparas bien correrás un montón de riesgos que pueden hacerte perder oportunidades y hasta clientes.
@burgosusana

260. Un #Portavoz bien entrenado sabe que tan importante es callar lo que no debe decir como contar aquello que le interesa.
@burgosusana

261. Los #Portavoces entrenados saben perfectamente que las preguntas que se le plantean no tienen mayor importancia porque siempre saben cómo darles la vuelta para dirigirlas a favor de la marca personal o de empresa.
@burgosusana

#Discursos y #Presentaciones

262. Los consumidores necesitamos poner cara y ojos a los productos que compramos, por eso es tan importante que las empresas elijan a los #Portavoces que más empaticen con ellos. @burgosusana

263. Un buen #Portavoz de la marca personal o de empresa debe ser proactivo a la hora de relacionarse con los medios de comunicación. @burgosusana

264. Si eres #Portavoz de tu empresa debes estar preparado para cualquier pregunta cuando intervengas delante de los medios de comunicación.

265. Como #Portavoz puedes hacer brillar a tu empresa, o hacerle perder mucho dinero. ¡Sé consciente de la responsabilidad!

266. La capacidad de improvisación es básica para cualquier orador, más aún para un #Portavoz. Hacer ejercicios de agilidad verbal te ayudarán a mejorarla.

267. Antes de una entrevista, un buen #Portavoz jamás exige a un periodista, por adelantado, las preguntas que le va a hacer.

268. En una entrevista en televisión, nunca mires a cámara sino al entrevistador.

#Discursos y #Presentaciones

269. El tiempo en radio y televisión es un bien muy escaso. Trata de elaborar frases cortas, sin enrollarte. ¡Sé concreto y eficaz!

270. Cuando estés con un periodista piensa que: desde que te encuentres con él y hasta que te vayas, "todo lo que digas podrá ser utilizado en tu contra".

271. Gestionar bien las emociones es fundamental para un #Portavoz, de manera que nunca pierdas el control de lo que dices o haces en público.

272. Cuando asistes a una entrevista en directo en radio o televisión, nunca sabes lo que te van a preguntar. ¡Tienes que estar dispuesto a todo!

273. El público más exigente puede ser el de los periodistas; intenta ganártelos desde el primer momento y adáptate a sus circunstancias.

274. Una buena escucha activa es fundamental para un #Portavoz. Presta atención a las preguntas del entrevistador y no te precipites en las respuestas.

275. El periodista será exigente contigo, pero si le das buenas respuestas, volverá a llamarte.

276. Para ti como #Portavoz, no hay un periodista o un medio de comunicación más importante que otro. ¡No desprecies nunca una entrevista!

277. Tu manera de vestir como #Portavoz también comunica. Piensa si te interesa utilizar los colores corporativos de tu entidad para dar más fuerza al mensaje.

278. El que no habla nunca en público, nunca se equivoca. ¡Eres humano!

279. Antes de asistir a un programa o entrevista en televisión piensa en la imagen que quieres dar. Recuerda que no eres tú quien habla, sino tu empresa.

280. En una entrevista de prensa, radio o televisión, pregunta siempre cuándo y dónde se va a emitir e infórmate previamente del tipo de programa al que vas a asistir.

Sobre las autoras

Mónica Pérez de las Heras
@mpdelasheras

Periodista, escritora y formadora especialista en #Oratoria con #InteligenciaEmocional. Empresaria, es propietaria de la Escuela Europea de Oratoria (EEO), e imparte los módulos de #Oratoria con #InteligenciaEmocional, Comunicación con Programación Neurolingüística (PNL), y Escritura de #Discursos y Diseño de #Presentaciones.

Virginia Gonzalo @Virginia_RAR

Pedagoga y formadora especialista en competencias socio-emocionales. En la EEO imparte la formación en #InteligenciaEmocional, y es la coordinadora de las actividades extraescolares y campamentos de verano para el público infantil y adolescente.

Teresa Baró @tbarocatafau

Especialista en #LenguajeNoVerbal (LNV). Autora de varias publicaciones sobre el tema. Divulgadora y conferenciante internacional. Es la profesora de #LenguajeNoVerbal en la Escuela Europea de Oratoria.

Velilla Balbuena @velillavalbuena

Actriz, monologuista y formadora especialista en técnicas de interpretación. Coach de actores. Imparte en la Escuela Europea de Oratoria los módulos de #Voz y uso del sentido del humor aplicado a #HablarenPúblico.

Eva Snijders @evasnijders

Especialista en las técnicas de #Storytelling, empresaria, conferenciante y profesora universitaria. Es la responsable de los cursos de #Storytelling de la Escuela Europea de Oratoria.

Susana Burgos @burgosusana

Periodista especialista en periodismo audiovisual con gran experiencia en los medios. Su labor profesional se ha realizado específicamente en radio y televisión. En la EEO es la responsable de los cursos de #Portavoces.

Sobre la Escuela Europea de Oratoria (EEO)

La Escuela Europea de Oratoria (EEO) es una entidad con sede en Madrid (España) cuyo objetivo es el apoyo a las personas para que mejoren su comunicación, tanto personal como profesional, especialmente su manera de #HablarenPúblico. Para ello cuenta con auténticos profesionales de todas las áreas necesarias, empleando herramientas de #InteligenciaEmocional, #Storytelling, Programación Neurolingüística (PNL), escritura de #Discursos y diseño de #Presentaciones.

La EEO realiza cursos para todas las edades: niños, adolescentes, profesionales y empresas. El formato es presencial y online. Si deseas información sobre la Escuela Europea de Oratoria y sus cursos: **www.escueladeoratoria.com**

En 2014 la Escuela Europea de Oratoria organizó el primer curso de «Especialista en #Oratoria». Se trata del más completo del mercado. El curso está estructurado en ocho fines de semana, uno al mes, durante ocho meses. Abarca todas las materias que se necesitan conocer para #HablarenPúblico: #InteligenciaEmocional, uso de la #Voz, manejo del #LenguajeNoVerbal, utilización del humor, #Portavoces, improvisación, escritura de #Discursos y diseño de #Presentaciones, etc... Tiene un gran éxito de participación. En 2019 se cumplirán más de treinta ediciones.

Otra de las posibilidades es la realización de entrenamientos personalizados, bien para preparar una #Presentación específica o mejorar un aspecto determinado con un profesor específico en una o varias sesiones individualizadas. Es una opción muy utilizada por políticos y directivos de empresas.

En 2016, dada la gran demanda de formación por parte de gente de todo el mundo, la Escuela Europea de Oratoria lanzó el curso de #Oratoria online para aquellas personas que no pueden asistir a las ediciones presenciales. Una forma de aproximarse al tema, sabiendo que la clave para #HablarenPúblico está en: practicar, practicar y practicar, una vez conocida la técnica.

Si deseas más información, ponte en contacto con nosotros:

 info@escueladeoratoria.com

 @EOratoria

 636 91 52 62

46378898R00075

Printed in Poland
by Amazon Fulfillment
Poland Sp. z o.o., Wrocław